Ella persistió
TEMPLE GRANDIN

Cuando las vacas, los caballos y otros animales sufrían, Temple Grandin parecía entenderlos mejor que nadie. Temple es autista, y esto determinó que pensara de una manera diferente al resto de las personas; no inferior, solo diferente. Cuando llegó a la edad adulta, se esforzó por explicar cómo el hecho de ser autista influyó en su trabajo y en su vida, ayudando a las personas sin autismo a comprender mejor a las que lo tenían. Temple se convirtió en una científica de renombre mundial, experta en comportamiento animal, y ha utilizado su forma de ver el mundo para inventar y lograr grandes cosas, siempre ayudando a otros en el camino.

— INSPIRADO EN —

Ella persistió

de Chelsea Clinton y Alexandra Boiger

·····································

TEMPLE GRANDIN

·····································

Texto de
Lyn Miller-Lachmann

Ilustraciones interiores de
Gillian Flint

Traducción de
Eva Ibarzábal

VINTAGE ESPAÑOL

Penguin
Random House
Grupo Editorial

Originalmente publicado en inglés bajo el título *She Persisted: Temple Grandin* por Philomel Books, una división de Penguin Random House LLC, Nueva York, en 2022.

Primera edición: octubre de 2022

Publicado en los Estados Unidos de América por Vintage Español,
una división de Penguin Random House Grupo Editorial USA, LLC.
8950 SW 74th Court, Suite 2010
Miami, FL 33156

Traducción: Eva Ibarzábal
Diseño: Ellice M. Lee
Ilustración de cubierta: © 2022, Alexandra Boiger

Impreso en México / *Printed in Mexico*

Información de catalogación de publicaciones disponible
en la Biblioteca del Congreso de los Estados Unidos

ISBN: 978-1-64473-636-4

22 23 24 25 26   10 9 8 7 6 5 4 3 2 1

Para Charlie

QUERIDO LECTOR:

Como dijeran convincentemente Sally Ride y Marian Wright Edelman: "No puedes ser lo que no puedes ver". Cuando Sally Ride dijo eso, se refería a que es difícil soñar con ser astronauta, como ella, o médico o atleta o cualquier otra cosa, si no has visto que alguien como tú ha alcanzado ya ese sueño. Hablaba particularmente sobre ver a las mujeres en puestos de trabajo que históricamente habían sido ocupados por hombres.

Escribí el primer libro de la serie *Ella persistió*, y los que le siguieron, porque quería que las niñas (y también los niños) vieran a mujeres que se esforzaron para alcanzar sus sueños. Quería que todos viéramos ejemplos de persistencia ante distintos desafíos para que nos sirvieran de inspiración en nuestras vidas.

Estoy muy entusiasmada ahora con la idea de asociarme con una hermandad de escritoras para llevar a los lectores versiones más largas y detalladas de estas historias de mujeres persistentes que han logrado sus sueños. Espero que disfrutes estos libros tanto como yo, y que sean una fuente de inspiración y empoderamiento.

Y recuerda: si alguna vez alguien te dice que no, si alguna vez alguien te dice que tu opinión no es importante o que tus sueños son difíciles de alcanzar, piensa en estas mujeres. Ellas persistieron y tú también debes persistir.

Afectuosamente,

Chelsea Clinton

TEMPLE GRANDIN

ÍNDICE

....

A su propio ritmo

La madre de Temple Grandin la amaba mucho. Cuando Temple era una bebé, su madre, Eustacia, se preocupaba mucho por ella. Eustacia se preocupaba porque Temple era demasiado tranquila. Mientras los bebés de sus amigas balbuceaban animadamente y luego decían palabras y oraciones, Temple permanecía callada.

De los seis meses en adelante, Temple se ponía rígida cuando Eustacia la sostenía en brazos. No soportaba que otras personas la abrazaran. Arañaba y pateaba como "un animalito salvaje".

Eustacia se dio cuenta de que Temple a menudo parecía como si viviera en su propio mundo. Al crecer, se sentaba en la playa a mirar cómo la arena se deslizaba entre sus dedos. En casa, le gustaba romper en pedazos los papeles para hacer confeti y apilarlo. Cuando Eustacia tocaba el piano, Temple se balanceaba o daba vueltas en círculos tarareando para sí misma.

El padre de Temple no tenía mucha paciencia con los niños, particularmente con una niña que era diferente. Él quería enviarla a un

hogar para niños discapacitados. Pero Eustacia
no quiso darse por vencida con su hija.

Afortunadamente, la familia Grandin tenía mucho dinero y vivía en Boston, donde
había muchas universidades y hospitales re-
conocidos. Eustacia llevó a Temple a ver a los

médicos del Hospital de Niños de Boston. Le hicieron pruebas de audición. El resultado fue normal. Después de más estudios, le dijeron a Eustacia que Temple tenía daño cerebral. Los doctores sugirieron que Temple recibiera terapia del habla.

Muchos años después, Temple descubrió que era autista. Los cerebros de las personas con autismo funcionan de una manera diferente. A menudo se concentran intensamente en las cosas que les fascinan, como, por ejemplo, la manera que se ve y se siente la arena cuando se desliza entre los dedos. Pero algunas veces tienen dificultad para comunicar sus pensamientos y emociones. Esa era la razón por la cual Temple no hablaba y, en lugar de hacerlo, gritaba por la frustración.

En 1947, el año en que nació Temple, muy pocos niños eran diagnosticados con autismo, por lo cual muchos médicos no se daban cuenta de qué ocurría con sus pacientes. Los que eran diagnosticados generalmente vivían en desoladas instituciones tipo hospital para personas con discapacidades. El médico que definió el autismo en 1943, Leo Kanner, pensaba que era algo poco común y que los médicos podían usar unos cuantos síntomas específicos para determinar quién era autista. Aun cuando Kanner no tenía recomendaciones sobre qué hacer en ese momento, los doctores que leyeron su trabajo dieron por sentado que los niños que él describía no podían vivir con sus familias ni asistir a una escuela regular.

Durante más de un año, después de reu-
nirse con los médicos, Temple no dijo una sola
palabra. Eustacia contrató a una niñera para
que jugara con ella y la enseñara a respetar los
turnos, seguir instrucciones y perder sin que
le diera una rabieta. Después de que Temple
comenzó a hablar a los cuatro años de edad,
Eustacia la enseñó a leer. Dedicaban treinta
minutos a las lecciones de lectura, cinco días
a la semana, y Temple aprendió rápidamente.
Demostró a su madre y a todo el mundo que
podía crecer y aprender a su propio ritmo.

El padre de Eustacia y abuelo de Temple,
John C. Purves, era un inventor famoso que
creó el sistema de piloto automático para los
aviones. Con el apoyo de su madre y de su
abuelo, Temple usó su imaginación para crear

cosas también. Descubrió el costurero de su madre y la caja de herramientas de su padre. Diseñó modelos y dioramas que impresionaron a su familia. Luego, los desarmaba y creaba objetos nuevos.

Temple estaba orgullosa de sus creaciones, incluso si estas no funcionaban de la manera que ella esperaba. Más tarde diría: "Si uno de mis proyectos fracasaba, seguía experimentando durante horas hasta que lograba que funcionara". Su capacidad para concentrarse en las cosas que le fascinaban la condujo a su persistencia y persiguió sus metas incluso si eran difíciles de alcanzar o si otras personas se interponían en su camino. El autismo le presentaba muchos retos, pero también le dio las herramientas que necesitaba para superarlos.

Poco tiempo después, Temple tuvo dos hermanas y un hermano. Eustacia mantenía un horario estricto para todos los niños. Temple progresó con este horario. Le gustaba tener normas que seguir y saber qué pasaría en cada minuto del día.

Si bien en la casa todo iba bien, en la escuela Temple tenía muchas dificultades. Su madre la envió a una escuela primaria privada con clases pequeñas, y allí las maestras la trataban muy bien. Pero los demás niños se burlaban de ella por ser diferente. La llamaban "rara" y "grabadora" porque su voz era monótona y repetía datos que le interesaban a ella, pero no a los demás niños.

Cuando Temple estaba en noveno grado, le lanzó un libro a un compañero de clases que siempre se burlaba de ella. Ya había tenido muchas peleas y esta fue la gota que colmó la copa. La expulsaron de la escuela. Además, sus padres se divorciaron después de varios años sin llevarse bien. Todos estos cambios alteraron a Temple.

Eustacia quería que Temple viviera en la casa y asistiera a una escuela común, pero se

dio cuenta de que quizás un internado espe-
cializado en adolescentes con problemas para
controlar sus emociones sería mejor para que
Temple aprendiera y creciera.

La máquina de los abrazos

En el internado, Temple vivía en el campus y visitaba a su familia solo durante las fiestas. Su madre se casó con Ben Cutler, un músico de la ciudad de Nueva York, y se mudó allí con los hermanos de Temple.

Eso dio pie a la experiencia que cambiaría la vida de Temple. La hermana de Ben, Ann, y su esposo tenían un rancho en Arizona. Temple pasaba las vacaciones de verano con la tía Ann.

Disfrutaba la vida en el rancho. Le gustaba resolver problemas. Por ejemplo, el ganado de la tía Ann a menudo se metía en la propiedad de otras personas. Temple diseñó una verja que se cerrara sola para mantener el ganado seguro. Estaba contenta por haber logrado su objetivo, pero pronto se dio cuenta de que había creado un nuevo problema, ya que no podía conseguir que la verja abriera lo suficiente como para dejar pasar los autos y camiones. Casi se dio por vencida. Pero después de observar la manera en que los conductos de ventilación abrían y cerraban en la casa de su tía, imitó su diseño usando manivelas y poleas para hacer funcionar la verja.

Las vacas inspiraron a Temple para resolver también sus propios problemas. Las reses entraban en un brete o manga de compresión para su vacunación. Temple observó que las reses se tranquilizaban cuando los paneles laterales del brete las presionaban. Varios días después, ella tuvo un ataque de pánico y le pidió a la tía Ann que la dejara entrar en el brete. Su tía presionó los lados del brete. Más tarde, Temple escribió: "Sentí una onda de relajación... Durante una hora después me sentí muy calmada y serena".

Si Temple no soportaba que otras personas la abrazaran, ¿por qué le gustó la presión del brete? Ella explicó que era porque podía controlarlo. Cuando otras personas la abrazaban, se asustaba y sentía deseos de gritar y salir corriendo.

Cuando regresó al internado en el otoño, decidió que construiría una máquina compresora que la ayudara a calmarse. Sus compañeras de clase se burlaron. El director llamó a su madre y ambos intentaron disuadirla de construir el aparato. Decían que los demás estudiantes pensarían que ella era extraña y no querrían ser sus amigos.

Temple persistió. Ella sabía lo que le convenía. Su maestro de ciencias, William Carlock, la apoyó. Dijo que este proyecto sería un experimento para su clase. El director y la madre de Temple cedieron. Temple construyó su propia máquina compresora, la máquina de los abrazos, y pudo usarla para mantenerse calmada cuando lo necesitaba. Más tarde, Temple le añadió almohadillas y mejoró las palancas

de control para que la máquina de los abrazos fuera más cómoda y fácil de usar.

En el internado también había un establo con caballos que los estudiantes podían montar. A Temple le encantaba pasar tiempo con los caballos. Algunos de ellos también tenían problemas de comportamiento por la manera en que habían sido tratados antes de llegar a la escuela. Temple cuidaba muy bien a los caballos. Limpiaba sus compartimientos, los cepillaba y los acariciaba. Sentía que los caballos y ella tenían mucho en común.

Cuando Temple se metía en problemas con sus compañeros de clases o no entregaba sus tareas, el castigo era que no podía montar ni visitar los caballos. Eso le dio motivos para esforzarse y no pelear con los demás estudiantes.

Se graduó del internado con buenas calificaciones y entró en Franklin Pierce College,
una pequeña institución universitaria cercana.

Aunque había vivido fuera de su casa, la
idea de ir a la universidad la ponía nerviosa.
Tenía que dejar a su maestro favorito, el Sr.
Carlock. Él le dijo que podía visitarlo cuando

quisiera. Le pidió que pensara que ir a un lugar nuevo era como pasar por una puerta.

A Temple le gustó la imagen de una puerta. Ella aprendió a "pensar en imágenes", cada problema se representaba con una imagen en su mente. Así fue como pudo ver la palanca del conducto de ventilación en el rancho de la tía Ann y crear el mismo tipo de palanca para la verja de cierre automático. En el internado, le gustaba subir por las escaleras hasta la azotea y abrir la trampilla para poder ver todo lo que había debajo a la luz de la luna. Ser capaz de ver las cosas desde lejos la calmaba. "Era como un animal escudriñando la planicie en busca de leones", explicaba.

Temple guardó la imagen de la puerta en su mente y la máquina de los abrazos junto a su cama. Con el apoyo de su madre y de su maestro favorito, estaba lista para la siguiente etapa de su vida.

....

Por la puerta trasera

Temple estudió Psicología en la universidad porque quería entender cómo funciona la mente. Pensaba que aprendería más sobre sí misma y sobre otras personas cuyas palabras y comportamiento a menudo la confundían. Por ejemplo, odiaba las fiestas. Había mucho ruido y demasiadas personas. No podía oír lo que decían los demás, y las personas sudadas se le acercarían o ¡tratarían de abrazarla!

Para otros estudiantes, las fiestas eran lo mejor. Vivir en la residencia estudiantil entre ellos era como ser "un antropólogo en Marte", como le comentó más tarde al famoso médico y escritor Oliver Sacks. Como los antropólogos estudian sociedades o grupos de personas que son diferentes a las propias, esta descripción era perfecta para la experiencia universitaria de Temple. La residencia le servía de laboratorio para observar cómo vivían y se comportaban otros jóvenes. La habilidad de observar a las personas solas y en grupos le serviría después para su trabajo con los animales.

Temple obtuvo excelentes calificaciones en las clases de Ciencias, Historia e Inglés, pero apenas pudo aprobar las de Matemáticas y Francés. Reprobó la parte de Matemáticas del examen para entrar en la escuela de posgrado, pero convenció al Departamento de Zoología de la Universidad Estatal de Arizona para que la aceptaran de todas formas. "Tuve que entrar por la puerta trasera", escribiría más tarde.

Las matemáticas eran difíciles para Temple, pero aún más difícil era ser mujer en el campo de la zootecnia. Algunos de sus profesores y los rancheros con los cuales hizo sus investigaciones opinaban que las mujeres no deberían ser científicas de animales. Los rancheros, gerentes de plantas procesadoras de carne y otros estudiantes le hacían bromas de mal gusto. Para darle asco y asustarla, la llevaron al depósito de sangre del matadero, que contenía los desechos del ganado sacrificado para producir carne. Temple no se asustó, pero sí se enfadó. ¡Quiso darles una lección a estos hombres! Entró al depósito, dio pisotones y pateó la sangre sobre el gerente. Después de eso, se dieron cuenta de que no se iban a librar de ella. Temple había llegado para quedarse.

Temple estudió muchas cosas: el diseño del brete para vacunar al ganado, el tanque de inmersión para eliminar los insectos de la piel de las reses y las rampas de embarque para llevar al ganado y otros animales al matadero. Le gustaba estudiar a los animales porque creía que compartía muchas de las mismas sensaciones y temores que ellos tenían. Al igual que ellos, se asustaba fácilmente con los destellos de luz, los ruidos fuertes y los cambios.

Como Temple pensaba en imágenes, podía ver los lugares y situaciones que alteraban a los animales. Recorrió el camino por donde pasaban las reses, poniéndose a la altura de sus ojos y vio los objetos que les causaban pánico: los rayos del sol reflejados en una parrilla de metal o una camiseta colgada en una valla.

Desde la secundaria había estado dibujando planos para sus inventos. Ahora dibujaba planos para las instalaciones que imaginaba, para lograr que las reses se mantuvieran calmadas mientras iban de un lugar a otro.

Observó que al ganado le gustaba moverse en círculos. La mayoría de las rampas tenían ángulos cerrados y giros bruscos. Temple diseñó una rampa circular e intentó convencer a los rancheros y a las compañías procesadoras de carne que la construyeran. Aun cuando costaba más dinero, de la manera anterior muchos más animales se lastimaban.

Cuando el ganado se lastima, su carne tiene cartílagos y no se puede vender. El ganado asustado y descontento produce carne menos tierna y sabrosa. Los rancheros y las plantas procesadoras de carne estaban perdiendo dinero por no rediseñar las rampas.

Cuando le dijeron que no, Temple persistió. Se le ocurrió otra manera de pasar por la puerta trasera. ¡Escribir artículos sobre sus ideas para las revistas!

Mejoró su redacción de manera que sus artículos pudieran ayudar a cambiar la opinión de las personas. Publicó decenas de artículos en revistas sobre ingeniería, el manejo del ganado y el comportamiento animal.

Los rancheros y gerentes de compañías procesadoras de carne prestaron atención a esta curiosa mujer con ideas interesantes. Corral Industries, una compañía constructora de instalaciones para manejar el ganado, le ofreció un empleo. Querían usar sus ideas para los corrales y rampas que construían para las plantas empacadoras de carne.

A Temple no le gustaba viajar a lugares desconocidos ni cambiar sus horarios. Pero después de que las empacadoras de carne le pidieron que diseñara sus rampas, se acostumbró. Desarrolló más seguridad para hablar en público. Sus artículos y sus rampas rediseñadas la llevaron a dar conferencias, y obtuvo un empleo fijo como profesora de Zoología en la Universidad Estatal de Colorado.

Cuando asesoraba a las compañías ganaderas, le obsequiaban cascos como muestra de agradecimiento por su trabajo. Cuando hablaba en las conferencias, guardaba sus insignias. Le gustaba mostrar a los visitantes su enorme colección de cascos e insignias.

Actualmente, más de una tercera parte de todas las instalaciones de manejo de ganado en los Estados Unidos se basan en los diseños de Temple Grandin. Al persistir y entrar por la puerta trasera, ¡Temple ahora es centinela de su profesión!

CAPÍTULO 4

....

Una vida digna para los animales

Junto con las rampas curvas para mover el ganado, Temple diseñó un dispositivo para mantener a las reses en su lugar cuando llegaban al matadero. Estaba basado en el brete, pero con una banda transportadora debajo del cuerpo del animal. Temple quería que las reses estuvieran tranquilas antes de ser sacrificadas de manera instantánea e indolora con una pistola de perno cautivo.

Le daba tristeza saber que los animales con los que trabajaba serían sacrificados para obtener alimentos. Ella contó que "lloró y lloró" cuando terminó su estudio sobre los cerdos para su doctorado en Zoología, y tuvo que sacrificarlos para examinar sus cerebros. Durante meses, observó la manera en que los cerdos jugaban con la paja y con otros objetos y cómo se volvían más listos y se veían más contentos cuando tenían más "juguetes".

Si Temple se preocupaba tanto por estos animales y por su bienestar, ¿por qué trabajaba con compañías que sacrificaban a los animales?

Temple observó que las personas necesitan alimentarse de otros animales: "El hecho de que los seres humanos evolucionaron alimentándose tanto de vegetales como de carne significa que la gran mayoría de las personas van a continuar comiendo ambas cosas. Los seres humanos también somos animales y hacemos lo que nuestra naturaleza animal nos indica".

Al mismo tiempo, Temple pensaba: "Les debemos [a los animales] una vida digna y una muerte digna, y sus vidas deben estar tan libres de estrés como sea posible". Los animales que se crían para consumo humano, tales como el ganado bovino y porcino, no habrían nacido en primer lugar si las personas no los usaran con ese fin. No tendrían vida alguna. Temple creía que los animales deberían disfrutar de sus vidas antes de ser sacrificados. La forma en que deben vivir es en manadas y ser protegidos de cualquier cosa que pueda hacerles daño o asustarlos. Esto significa que deben vivir en lugares limpios, estar bien alimentados, y que cualquier persona que tenga contacto con ellos debe tratarlos con bondad y respeto.

Temple observó que cuando los animales iban al matadero, no sabían qué iba a pasar. No pueden ver el futuro. Solo quieren evitar el dolor. Al entender sus necesidades y sensibilidades, Temple hizo posible que las vacas, los cerdos, los pollos y otros animales que se crían para el consumo humano tuvieran una muerte compasiva, con menos dolor y miedo. Ella decía que una planta procesadora de carne bien manejada es "más compasiva que la misma naturaleza". En su ambiente natural, muchos animales mueren de hambre o de frío o son perseguidos largas distancias y atrapados por otros animales más grandes. En las granjas y ranchos bien manejados, es posible que tengan una buena vida.

A finales de la década de 1990, McDonald's contrató a Temple para crear listas de control e inspeccionar sus instalaciones sobre el manejo de la carne de res, de puerco y de pollo. Poco después, lo hicieron también Wendy's y Burger King. Hoy día, cada vez más plantas

de carne usan las listas de control de Temple para el tratamiento compasivo de los animales, y las condiciones están mejorando.

Otros negocios tocaron a su puerta. Temple comenzó a atender a los dueños de perros y caballos con problemas de comportamiento. Los zoológicos la contrataban para asegurarse de que los animales en las exhibiciones estuvieran sanos y contentos. Uno de los principales problemas de los animales en los zoológicos es el aburrimiento, ya que no tienen el entorno variado que encuentran en la naturaleza. Temple recomendó maneras de mantener a los animales activos e interesados sin causarles pánico ante las novedades que presentaban los encargados.

Temple tuvo otro efecto positivo en la industria ganadera. Cuando comenzó, era una de las pocas mujeres que trabajaban en la zoología. Abogó para que las compañías contrataran a mujeres para manejar a los animales. A través de sus observaciones, pensaba: "[Las mujeres] son más delicadas que los grupos exclusivamente de hombres y mantienen las instalaciones más limpias". En la actualidad, los ranchos y corrales están llenos de mujeres encargadas.

Temple se convirtió en un modelo a seguir, una maestra y un apoyo para otras mujeres que entran en el campo de la zoología. Gracias a sus esfuerzos, las mujeres cuentan con más oportunidades y ¡los animales también salen ganando!

CAPÍTULO 5

Aprender sobre el autismo

Cuando Temple comenzó a viajar por todo Estados Unidos para diseñar estructuras y asesorar sobre el manejo del ganado, observó algo que le causó una gran preocupación. Los estados donde los animales de granja vivían en las peores condiciones eran también los estados donde las personas con discapacidades sufrían prejuicios, aislamiento y eran tratadas con crueldad.

Temple sabía que podría haber sido apartada de su familia y enviada a una institución para niños discapacitados. Podría haber sido víctima de maltrato en ese lugar. Ella sabía que había sido muy afortunada. Su familia tenía mucho dinero y su madre se negó a darse por vencida. Sus maestros la animaron a perseguir sus intereses y a inventar cosas, como la máquina de los abrazos.

Ahora que se había convertido en una científica respetada y profesora universitaria, Temple quería ayudar a otras personas con autismo a lograr sus sueños. Para hacerlo, primero tenía que decirle al mundo que ella era autista.

Esa era una decisión aterradora para Temple. A principios de la década de 1980, un diagnóstico de autismo era causa de vergüenza para muchas familias. Algunos médicos culpaban a las madres por no mostrar suficiente afecto. La mayoría daba por sentado que los niños con autismo nunca tendrían una vida independiente ni un empleo. Los libros, la televisión y las películas mostraban a personas con autismo viviendo en instituciones para enfermos mentales.

Si Temple hablaba sobre su diagnóstico de autismo, quizás las compañías ya no querrían contratarla. Después de todo, su primer empleo en Corral Industries había terminado por "problemas sociales", lo cual era una forma educada de decir que no se llevaba bien con las demás personas con las que trabajaba. Siendo diseñadora en Corral Industries, envió una carta al presidente de una compañía empacadora de carne en la que describía todos los errores que cometían los trabajadores al instalar el equipo que ella había diseñado. El presidente se quejó a su jefe, quien le dijo lo decepcionado que estaba con ella. Poco después, ella renunció a ese trabajo.

Pero Temple sabía que decir la verdad acerca de su autismo (al igual que decir la verdad sobre el equipo mal instalado que podía haber lastimado a los animales) era más importante.

Si perdía trabajos a causa de eso, ya encontraría algo mejor.

Otra vez, comenzó escribiendo artículos para las revistas. En 1986, publicó la historia de su vida en un libro titulado en inglés *Emergence: Labeled Autistic*. Asombró a muchos psicólogos, incluyendo al famoso doctor Oliver Sacks. Él no pensaba que una persona con autismo fuera capaz de escribir una autobiografía. Sacks escribió: "En ese momento, se pensaba que la mente autista era incapaz de entenderse a sí misma y de entender a los demás...". Durante

los años siguientes, Temple convenció al doctor Sacks de que estaba equivocado y se convirtieron en buenos amigos.

Temple también descubrió que ella podía estar equivocada sobre el autismo. Al igual que su amigo el doctor Sacks, ella aprendió la lección y admitió sus errores. En su libro de 1995, *Pensar con imágenes*, escribió: "Yo convierto tanto las palabras habladas como escritas en películas a todo color, incluso con sonido". En ese momento, ella creía que todas las personas con autismo pensaban en imágenes como ella.

Pronto descubrió que lo que había dentro de su cerebro autista no necesariamente era igual a lo que había dentro del cerebro autista de otra persona. Esto lo descubrió cuando se reunió con adultos autistas, niños autistas y sus padres. Estos le dijeron que no pensaban en fotografías o películas. No podían dibujar imágenes detalladas de lo que imaginaban. Ella escuchó sus historias y cambió su manera de pensar.

Si bien Temple era excelente en geometría, con sus formas y ángulos, otras personas con autismo que conoció eran mejores en álgebra. El álgebra es un tipo de matemáticas que usa patrones para resolver problemas, y Temple descubrió que muchas personas con autismo son excelentes para reconocer los patrones de los detalles individuales. Son muy buenas para las matemáticas, para resolver rompecabezas y jugar al ajedrez.

Descubrió que otras personas con autismo sobresalen en el lenguaje. Pueden organizar

sus pensamientos en palabras y escribir libros completos a partir de bosquejos en sus mentes. Son hábiles para memorizar datos y a menudo se interesan en la historia.

El libro de Temple, *El cerebro autista*, publicado en 2013, describe las distintas fortalezas de las personas con autismo, las que piensan en imágenes, en patrones y en palabras. Como todos los buenos científicos, ella usó la nueva información para cambiar sus creencias sobre el autismo. En el proceso, nos mostró que el mundo necesita toda clase de mentes autistas.

....

Diferente, no inferior

Cuando comenzó a escribir sobre el autismo, Temple quería aprender aún más sobre ella y sobre otras personas con autismo. A finales de la década de 1980, el escaneo cerebral era una tecnología nueva. Las grandes y ruidosas máquinas podían parecer amenazantes, pero la curiosidad de Temple sobrepasaba sus temores. Se realizó un escaneo cerebral y quedó muy complacida.

"Desde entonces, cada vez que está disponible un nuevo método de escaneo, soy la primera en probarlo", escribió.

También se inscribió en pruebas genéticas que examinan los componentes esenciales que una persona hereda de sus padres, para determinar si el autismo es hereditario. Hoy día, la mayoría de los científicos creen que es genético. Por lo tanto, ya no culpan a las madres por la manera en que interactúan con sus bebés, como lo hacían cuando Temple era joven. Además, los científicos ven ahora el autismo como un espectro, o sea, que el autismo afecta de una manera diferente a las distintas personas que lo padecen. La capacidad para hablar y entender el lenguaje de las personas

con autismo puede ser muy variada, así como sus intereses y fortalezas.

A través de sus libros, discursos en conferencias, clases y consultoría, Temple asesoraba a los padres, maestros e incluso a las personas con autismo de la misma manera que daba consejos a las personas que trabajaban con los animales. ¡Se convirtió en una experta en dos campos distintos de las ciencias!

Ver que otras personas con autismo no alcanzaran su potencial como ella lo había logrado entristecía a Temple. Ella quería que los niños con autismo obtuvieran la mejor educación posible, basada en sus intereses y fortalezas. Decía que los maestros deben animar a los estudiantes a dedicarse a las materias que les fascinan, ya que en el proceso aprenderán de manera natural las matemáticas, así como a leer y escribir. Temple aconsejaba a los niños con autismo que buscaran compañeros de clases con intereses en común. Esa fue la manera en que ella hizo amigos en la secundaria, en la universidad y, más tarde, en su trabajo. La mayoría de sus amistades eran otros científicos o personas que se interesaban por los animales.

Temple también ayudó a los adultos con autismo a encontrar su camino en la vida. Ella pensaba que la sociedad sale perdiendo cuando las personas con autismo no tienen empleo. Cuando dos personas trabajan juntas, las fortalezas de una compensan las debilidades de la otra. Por ejemplo, Temple trabajó con escritores profesionales en sus libros. Sus ideas surgían en forma de imágenes "amontonadas aquí y allá". Sus coautores proporcionaban la estructura. Ella aportaba "las asociaciones rápidas, la memoria a largo plazo y el enfoque en los detalles".

Cuando hablaba en público y se reunía con otras personas con autismo, ella aconsejaba ser persistente e intentar métodos nuevos (entrar por la puerta trasera) si los demás no entendían o no estaban de acuerdo. "Cuando

eres rara, tienes que aprender a vender tu trabajo", comentaba.

Temple usa la frase "diferente, no inferior" para describir el autismo. Como las personas con autismo piensan de una manera diferente, pueden encontrar soluciones a problemas para los que otras personas no tienen respuesta o que ni siquiera se han dado cuenta de que son problemas.

Temple anima a las personas con autismo a estar orgullosas de ser quienes son. Se enojaba cuando otras personas hablaban de "curar" o "eliminar" el autismo. "Si yo pudiera chasquear los dedos y no ser autista, no lo haría. El autismo forma parte de lo que soy". Si no existiera el autismo, muchas cosas que nos facilitan la vida no se habrían inventado. La sociedad no habría avanzado hasta donde ha llegado hoy día. "Sin los rasgos autistas, podríamos estar viviendo todavía en las cavernas", escribió una vez.

Los consejos de Temple para las personas con autismo son válidos para todo el mundo. Todos tenemos ideas y maneras diferentes de ver el mundo. Todos enfrentamos obstáculos. Lo más importante es creer en esas ideas, llevarlas a su máxima expresión y persistir.

Diferente, no inferior. Durante toda su vida, Temple ha demostrado creatividad y valor. Ella usó su diferencia, el autismo, para convertirse en una líder en dos campos. En el proceso, nos demostró lo que todos podemos hacer cuando aceptamos nuestras propias diferencias y las de los demás.

CÓMO TÚ PUEDES PERSISTIR

por Lyn Miller-Lachmann

Como un homenaje a la creatividad y al valor de Temple Grandin, aquí tienes algunas actividades que puedes hacer solo o con familiares y amigos:

1. Observa a algún animal en su vida cotidiana. Puede ser tu mascota o un animal que veas en la naturaleza. ¿Qué despierta su curiosidad? ¿Qué lo asusta? ¿Qué le gusta comer?

¿Tiene juguetes con los que le gusta jugar?

2. Imagina que eres el encargado de un animal imaginario, como un dragón o un unicornio. Haz una lista de las cosas que tendrías que hacer para mantenerlo contento y seguro, y para que las personas a su alrededor también lo estén. (Esto es similar a una tarea que Temple da a sus estudiantes en la Universidad Estatal de Colorado.)

3. Inventa un juguete o diseña una casa para tu animal imaginario y hazlo o constrúyelo.

4. Lleva un diario de lo que te asusta o te pone nervioso(a). Haz una lista

de las cosas que haces para calmarte. Comparte tu lista con un familiar o amigo.

5. Piensa en alguien de tu clase que es diferente a ti. Haz una lista de las cosas para las que esa persona es buena y otra con las cosas para las que tú eres bueno(a). Participa en un proyecto o actividad donde las habilidades de ambos se complementen para lograr los resultados.

6. Haz una investigación sobre otras personas con autismo que han marcado una diferencia en el mundo.

7. Lee un libro escrito por un autor con autismo.

Agradecimientos

Agradezco a mi agente, Jacqui Lipton, y a mis editoras, Talia Benamy y Jill Santopolo. Es un honor y un privilegio trabajar con un equipo tan talentoso. Esta oportunidad no hubiera sido posible sin la hermandad original de persistentes: Chelsea Clinton, Alexandra Boiger, Gillian Flint y el equipo de producción de Philomel. Por último, agradezco a mi hija, Madeleine, por sus consejos sobre este libro y por su dedicación a sus propios estudiantes.

❦ *Referencias* ❧

LIBROS Y ARTÍCULOS:

Grandin, Temple, y Catherine Johnson, *Animals in Translation: Using the Mysteries of Autism to Decode Animal Behavior*, New York, Scribner, 2005.

Grandin, Temple, y Catherine Johnson, *Animals Make Us Human: Creating the Best Life for Animals*, Boston, Houghton Mifflin Harcourt, 2009.

Grandin, Temple, y Richard Panek, *The Autistic Brain: Thinking Across the Spectrum*, Boston, Houghton Mifflin Harcourt, 2013.

Grandin, Temple, con Betsy Lerner, *Calling All Minds: How to Think and Create Like an Inventor*, New York, Philomel, 2018.

Grandin, Temple, *Thinking in Pictures: And Other Reports from My Life with Autism*, Segunda edición, New York, Vintage, 2006.

Miller-Lachmann, Lyn, "On Meeting Temple Grandin", *The Pirate Tree: Social Justice and Children's Literature*,

25 de julio, 2013, ‹http://thepiratetree.
com/2013/07/25/on-meeting-temple-
grandin›, consultado el 30 de diciembre
de 2020.

Sacks, Oliver, "An Anthropologist on Mars",
New Yorker, 27 de diciembre, 1993, ‹http://
newyorker.com/magazine/1993/12/27/
anthropologist-mars›, consultado el 19 de
noviembre de 2020.

Seidel, Jeff, "Betting on hope: Mother of
an autistic college professor reaches out
to other autistic parents", *Detroit Free
Press*, 3 de abril, 2009, ‹http://catholic.
org/news/hf/faith/story.php?id=33003›,
consultado el 30 de diciembre de 2020.

Silberman, Steve, *NeuroTribes: the Legacy of Autism and the Future of Neurodiversity*, New York, Avery, 2015.

RECURSOS ADICIONALES PARA LEER/VER:

Guglielmo, Amy, Jacqueline Tourville y Giselle Potter (ilustraciones), *How to Build a Hug: Temple Grandin and Her Amazing Squeeze Machine*, New York, Atheneum, 2018.

McCully, Emily Arnold, "Temple Grandin", *She Did It! 21 Women Who Changed the Way We Think*, (pp. 237–246), New York: Disney/ Hyperion, 2018.

Mosca, Julia Finley y Daniel Rieley (ilustraciones), *The Girl Who Thought in Pictures: The Story of Dr. Temple Grandin*, Seattle, The Innovation Press, 2017.

Temple Grandin (Película para la televisión). Dirigida por Mick Jackson, protagonizada por Claire Danes, Julia Ormond, David Strathairn, HBO, 2010.

LYN MILLER-LACHMANN creció en Texas antes de asistir a la Universidad de Princeton. Tiene una maestría en Biblioteconomía y Ciencias de la Información por la Universidad de Wisconsin, en Madison, y una maestría en Bellas Artes en Escritura para niños y jóvenes por el Vermont College of Fine Arts. Ha enseñado distintas materias a estudiantes de secundaria y es la autora de *Rogue*, *Surviving Santiago*, *Gringolandia*, y *Once Upon a Cuento*. Sus libros presentan a menudo personajes del espectro autista, como la propia Lyn. Lyn y su esposo dividen su tiempo entre Nueva York y Lisboa (Portugal).

Puedes visitar a Lyn en línea en
lynmillerlachmann.com
o seguirla en Twitter @lmillerlachmann
y en Instagram @lynmillerlachmann

GILLIAN FLINT ha trabajado como ilustradora profesional desde que obtuvo su título en animación e ilustración en 2003. Desde entonces su trabajo ha sido publicado en Reino Unido, Estados Unidos y Australia. En su tiempo libre, a Gillian le gusta leer, pasar tiempo con su familia y entretenerse en el jardín en los días soleados. Vive en el noroeste de Inglaterra.

Puedes visitar a Gillian Flint en línea en
gillianflint.com
o seguirla en Twitter
@GillianFlint
y también en Instagram
@gillianflint_illustration

CHELSEA CLINTON es autora del *best-seller* del *New York Times: She Persisted: 13 American Women Who Changed the World; She Persisted Around the World: 13 Women Who Changed History; She Persisted in Sports: American Olympians Who Changed the Game; Don't Let Them Disappear: 12 Endangered Species Across the Globe; It's Your World: Get Informed, Get Inspired & Get Going!; Start Now! You Can Make a Difference; Grandma's Gardens* y *Gutsy Women* con Hillary Clinton, y *Governing Global Health: Who Runs the World and Why?* con Devi Sridhar. También es la vicepresidenta de la Fundación Clinton, donde trabaja en iniciativas como ayudar a empoderar a la próxima generación de líderes. Vive en Nueva York con su esposo Marc, sus hijos y su perro Soren.

Puedes seguir a Chelsea Clinton en Twitter
@ChelseaClinton
o en Facebook
facebook.com/chelseaclinton

ALEXANDRA BOIGER ha ilustrado cerca de veinte libros de cuentos, incluyendo la serie *Ella persistió* de Chelsea Clinton; la popular serie *Tallulah* de Marilyn Singer, y los libros *Max and Marla*, de su propia autoría. Nació en Múnich, Alemania, y actualmente vive en las afueras de San Francisco, California, con su esposo Andrea, su hija Vanessa, y sus gatos Luiso y Winter.

Puedes visitar a Alexandra Boiger en línea en
alexandraboiger.com
o seguirla en Instagram
@alexandra_boiger

¡No te pierdas el resto de los libros de la serie Ella persistió!

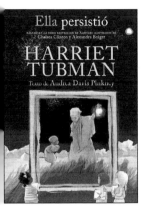